AF206779

Impressum
Verlag: BABADADA GmbH, Nedderfeld 112 , 22529 Hamburg
Geschäftsführer / Verlagsleitung: Harald Hof
Druck: Books on Demand GmbH, In de Tarpen 42, 22848 Norderstedt

Imprint
Publisher: BABADADA GmbH, Nedderfeld 112 , 22529 Hamburg, Germany
Managing Director / Publishing direction: Harald Hof
Print: Books on Demand GmbH, In de Tarpen 42, 22848 Norderstedt

l'école

skole

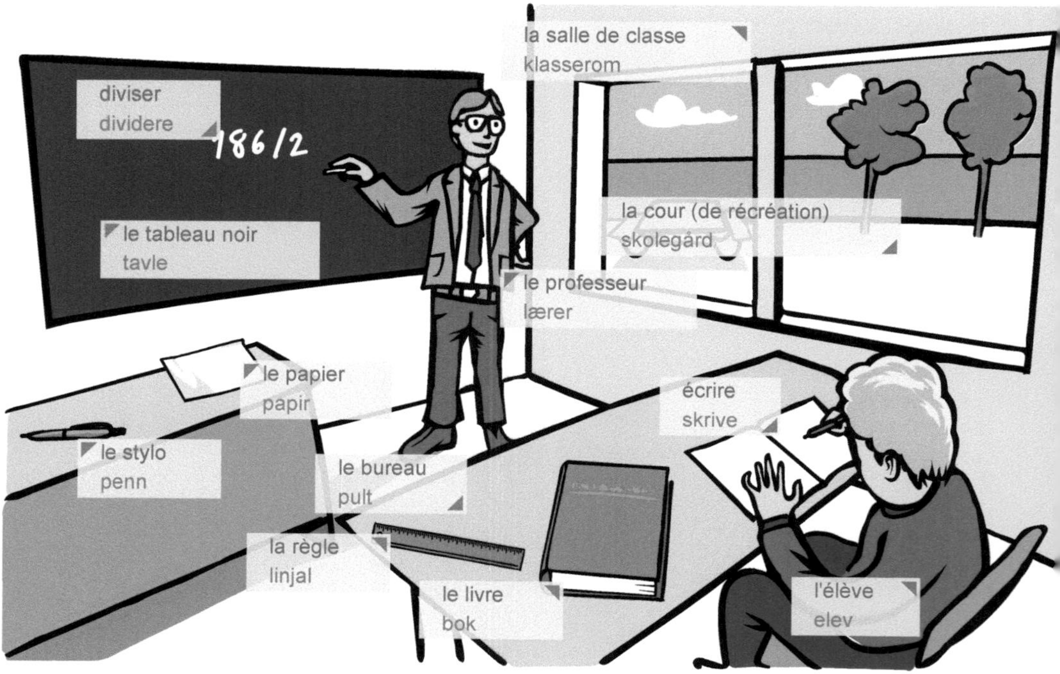
la salle de classe
klasserom
diviser
dividere
186/2
le tableau noir
tavle
la cour (de récréation)
skolegård
le professeur
lærer
le papier
papir
écrire
skrive
le stylo
penn
le bureau
pult
la règle
linjal
le livre
bok
l'élève
elev

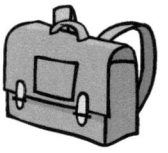

le cartable

ransel

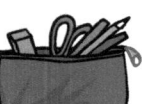

la trousse

penal

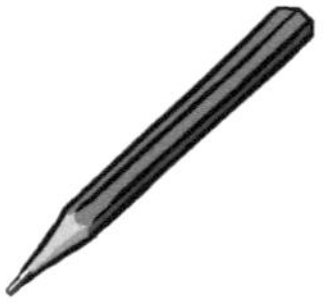

le crayon

blyant

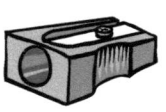

le taille-crayon

blyantspisser

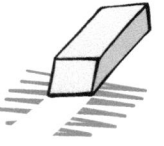

la gomme

viskelær

le carnet à dessin

tegneblokk

le dessin

tegning

le pinceau

pensel

la boîte de peinture

malerskrin

les ciseaux

saks

la colle

lim

le cahier d'exercices

arbeidsbok

les devoirs

lekse

le chiffre

tall

additionner

addere

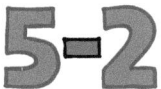

soustraire

subtrahere

multiplier

multiplisere

calculer

regne

la lettre

bokstav

l'alphabet

alfabet

le mot

ord

le texte

tekst

lire

lese

la craie

kritt

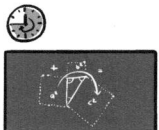

la leçon

skoletime

le livre de classe

klassebok

l'examen

eksamen

le certificat

vitnemål

l'uniforme scolaire

skoleuniform

la formation

utdannelse

le lexique

leksikon

l'université

universitet

le microscope

mikroskop

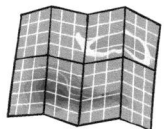

la carte

kart

la corbeille à papier

papirkurv

le voyage
reise

l'hôtel
hotell
Grand
l'auberge
pensjonat
ROOMS
le bureau de change
vekslingskontor
CHANGE
la valise
koffert
la voiture
bil

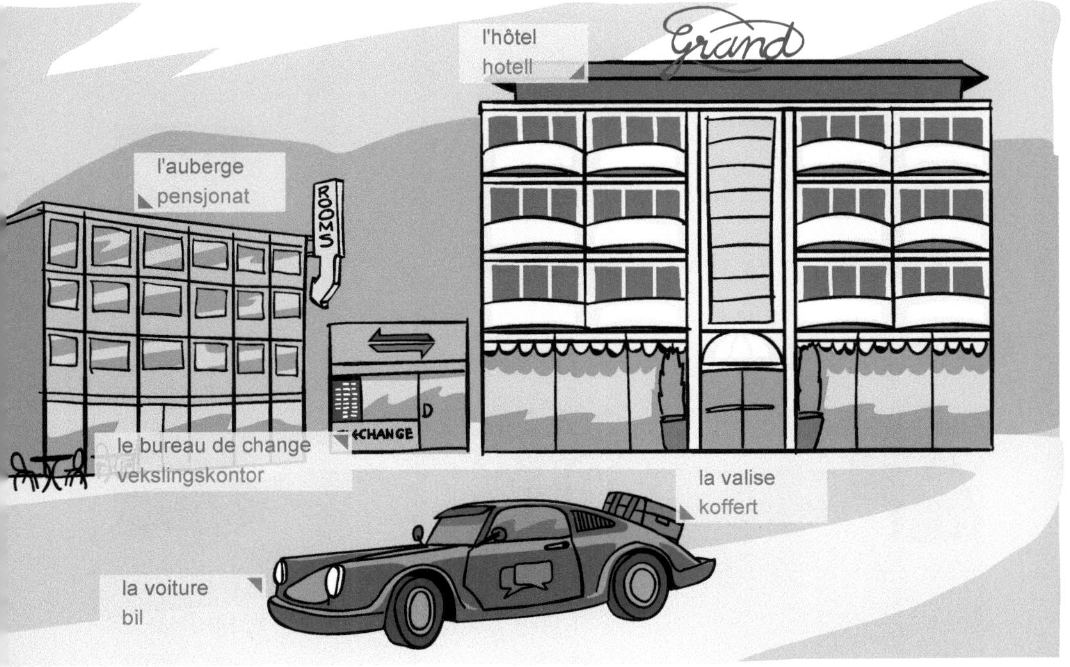

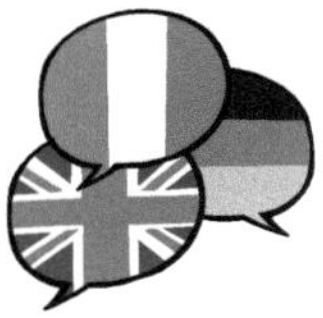

la langue
språk

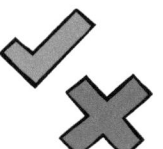

oui / non
ja / nei

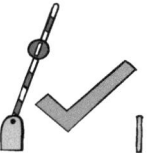

d'accord
okay

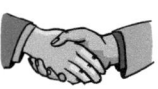

Salut
Hei

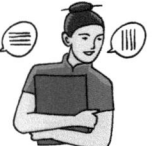

l'interprète
tolk

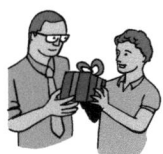

merci
takk skal du ha

Combien coûte...?

Hva koster...?

Je ne comprends pas

Jeg forstår ikke

le problème

problem

Bonsoir !

God kveld!

Bonjour !

God morgen!

Bonne nuit !

God natt!

Au revoir

ha det bra

la direction

retning

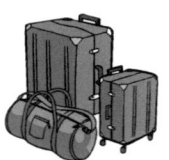

les bagages

bagasje

le sac

veske

le sac-à-dos

ryggsekk

l'hôte

gjest

la pièce

rom

le sac de couchage

sovepose

la tente

telt

le voyage - reise

l'office de tourisme

turistinformasjon

la plage

strand

la carte de crédit

kredittkort

le petit-déjeuner

frokost

le déjeuner

lunsj

le dîner

middag

le billet

billett

l'ascenseur

heis

le timbre

stempel

la frontière

grense

la douane

toll

l'ambassade

ambassade

le visa

visum

le passeport

pass

le transport
transport

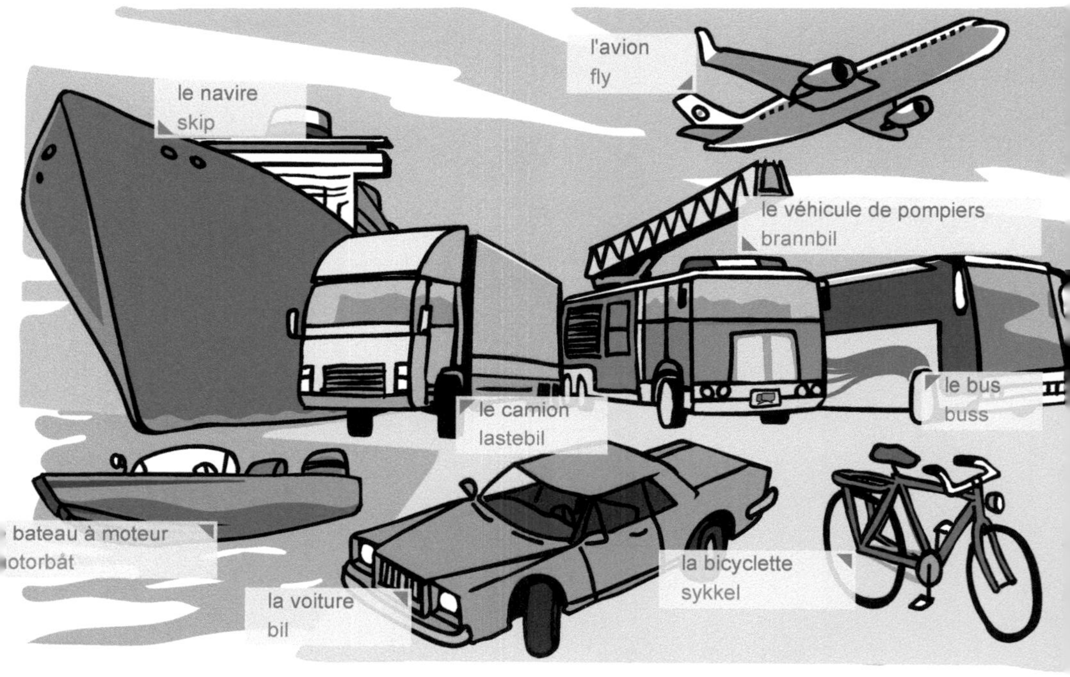
l'avion
fly
le navire
skip
le véhicule de pompiers
brannbil
le bus
buss
le camion
lastebil
bateau à moteur
otorbåt
la voiture
bil
la bicyclette
sykkel

le ferry

ferge

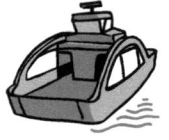

la barque

båt

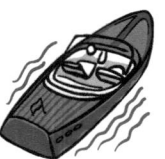

la moto

motorsykkel

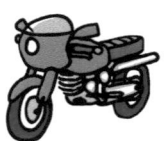

la voiture de police

politibil

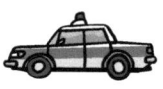

la voiture de course

racerbil

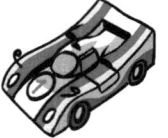

la voiture de location

leiebil

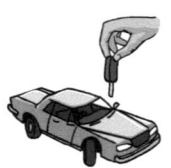

l'auto-partage

bilkollektiv

la voiture de remorquage

bergingsbil

la benne à ordures

søppelbil

le moteur

motor

l'essence

brennstoff

la station d'essence

bensinstasjon

le panneau indicateur

trafikkskilt

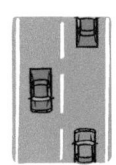

le trafic

trafikk

l'embouteillage

trafikkork

le parking

parkeringsplass

la gare

togstasjon

les rails

skinne

le train

tog

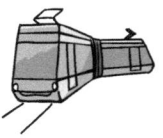

le tramway

trikk

le wagon

vogn

le transport - transport

l'hélicoptère

helikopter

l'aéroport

flyplass

la tour

tårn

le passager

passasjer

le conteneur

konteiner

le carton

kartong

le chariot

tralle

la corbeille

kurv

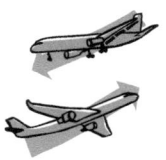

décoller / atterrir

starte / lande

la ville

by

le village

landsby

le centre-ville

sentrum

la maison

hus

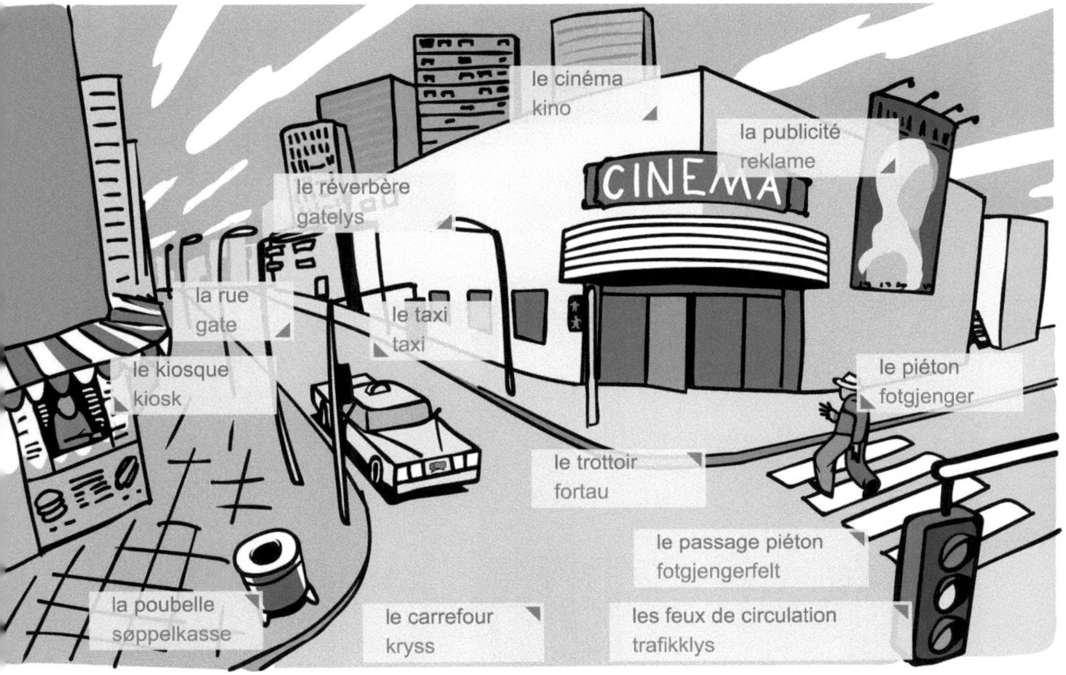

le cinéma
kino

la publicité
reklame

le réverbère
gatelys

CINEMA

la rue
gate

le taxi
taxi

le kiosque
kiosk

le piéton
fotgjenger

le trottoir
fortau

le passage piéton
fotgjengerfelt

la poubelle
søppelkasse

le carrefour
kryss

les feux de circulation
trafikklys

la cabane
hytte

l'appartement
leilighet

la gare
togstasjon

la mairie
rådhus

le musée
museum

l'école
skole

la ville - by

l'université

universitet

la banque

bank

l'hôpital

sykehus

l'hôtel

hotell

la pharmacie

apotek

le bureau

kontor

la librairie

bokhandel

le magasin

butikk

le fleuriste

blomsterbutikk

le supermarché

matbutikk

le marché

marked

le grand magasin

varehus

la poissonnerie

fiskehandler

le centre commercial

kjøpesenter

le port

havn

le parc

park

la banque

benk

le pont

bro

les escaliers

trapp

le métro

t-bane

le tunnel

tunnel

l'arrêt de bus

busstopp

le bar

bar

le restaurant

restaurant

la boîte à lettres

postkasse

le panneau indicateur

gateskilt

le parcmètre

parkometer

le zoo

dyrehage

le réverbère

svømmebasseng

la mosquée

moské

la ferme
bondegård

la pollution
miljøforurensing

la cimetière
kirkegård

l'église
kirke

l'aire de jeux
lekeplass

le temple
tempel

le paysage
landskap

la feuille
blad

le panneau indicateur
veiviser

le chemin
vei

le pré
eng

la pierre
stein

l'arbre
tre

le randonneur
turgåer

la rivière
elv

l'herbe
gress

la fleur
blomst

la vallée
dal

la montagne
fjell

le lac
innsjø

la forêt
skog

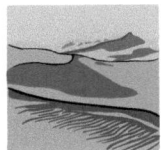

le désert
ørken

le volcan
vulkan

le château
slott

l'arc-en-ciel
regnbue

le champignon
sopp

le palmier
palmetre

le moustique
mygg

la mouche
flue

les fourmis
maur

l'abeille
bie

l'araignée
edderkopp

le coléoptère

bille

la grenouille

frosk

l'écureuil

ekorn

le hérisson

piggsvin

le lièvre

hare

la chouette

ugle

l'oiseau

fugl

le cygne

svane

le sanglier

villsvin

le cerf

hjort

l'élan

elg

le barrage

demning

l'éolienne

vindturbin

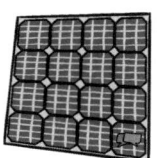

le panneau solaire

solcellepanel

le climat

klima

le restaurant

restaurant

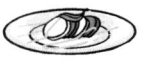

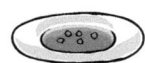

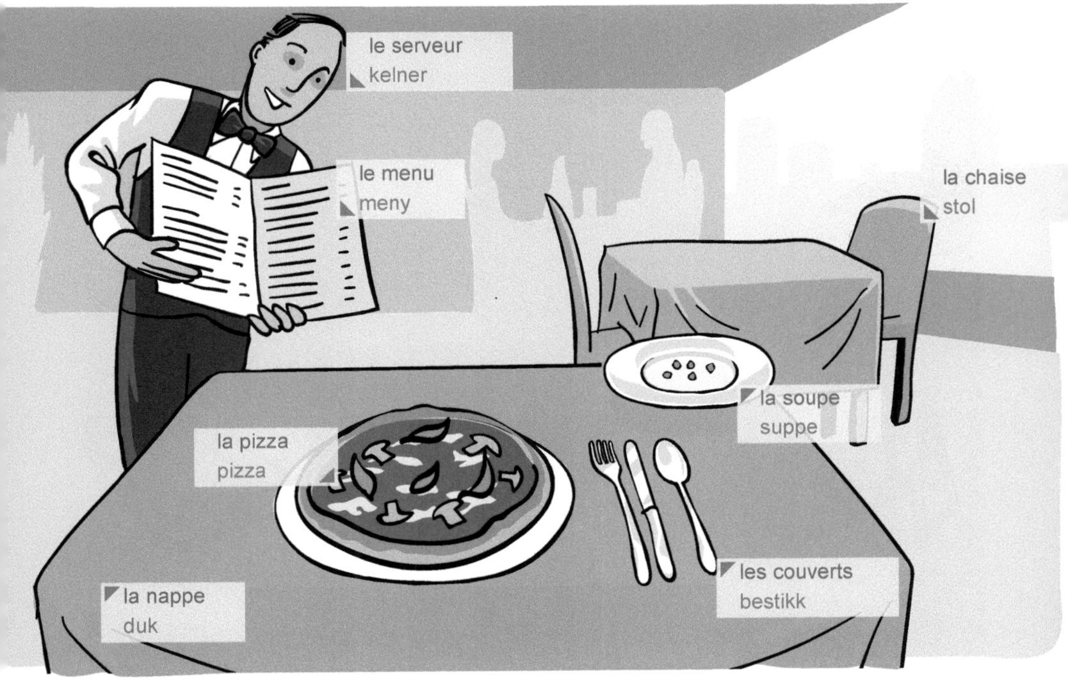
le serveur
kelner
le menu
meny
la chaise
stol
la soupe
suppe
la pizza
pizza
les couverts
bestikk
la nappe
duk

les hors d'œuvre

forrett

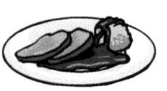

le plat principal

hovedrett

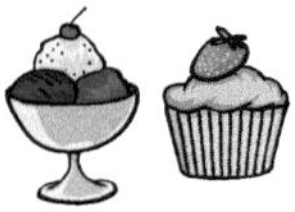

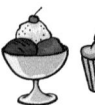

le dessert

dessert

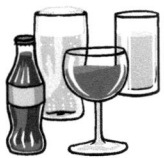

les boissons

drikkevarer

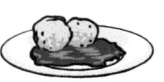

l'alimentation

mat

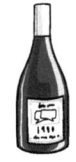

la bouteille

flaske

le fast-food

hurtigmat

les plats à emporter

gatemat

la théière

tekanne

le sucrier

sukkerskål

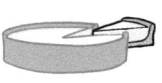

la portion

porsjon

la machine à expresso

espressomaskin

la chaise haute

barnestol

la facture

regning

le plateau

brett

le couteau

kniv

la fourchette

gaffel

la cuillère

skje

la cuillère à thé

teskje

la serviette

serviett

le verre

glass

le restaurant - restaurant

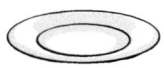

l'assiette

tallerken

l'assiette à soupe

suppetallerken

la soucoupe

skål

la sauce

saus

la salière

saltbøsse

le moulin à poivre

pepperkvern

le vinaigre

eddik

l'huile

olje

les épices

krydder

le ketchup

ketchup

la moutarde

sennep

la mayonnaise

majones

le supermarché
matbutikk

l'offre promotionnelle
tilbud
FOR
le client
kunde
les produits laitiers
meieriprodukt
les fruits
frukt
le chariot
handlevogn

BUTCHERS

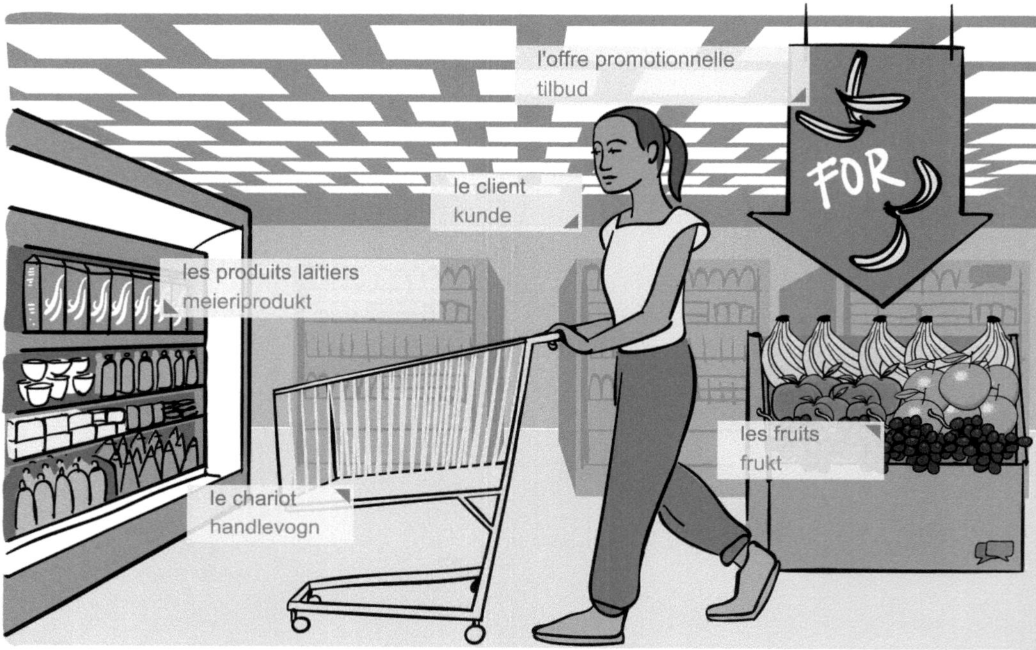

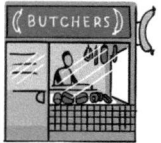

la boucherie

slakter

BAKERY

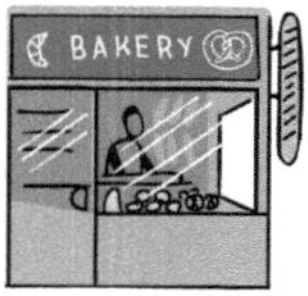

la boulangerie

bakeri

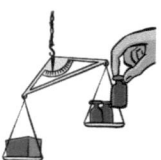

peser

veie

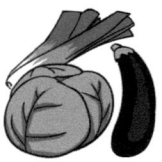

les légumes

grønnsaker

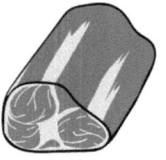

la viande

kjøtt

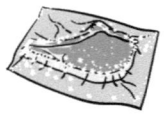

les aliments surgelés

frysevarer

la charcuterie

oppskåret pålegg

les conserves

hermetikk

la poudre à lessive

vaskepulver

les bonbons

godteri

les articles ménagers

husholdningsprodukter

les détergents

rengjøringsmidler

la vendeuse

butikkmedarbeider

la caisse

kassaapparat

le caissier

kasserer

la liste d'achats

handleliste

les heures d'ouverture

åpningstider

le portefeuille

lommebok

la carte de crédit

kredittkort

le sac

veske

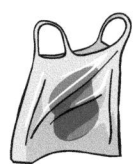

le sac en plastique

plastpose

l'eau
vann

le jus de fruit
juice

le lait
melk

le coca
cola

le vin
vin

la bière
øl

l'alcool
alkohol

le chocolat chaud
kakao

le thé
te

le café
kaffe

l'expresso
espresso

le cappuccino
cappuccino

la banane

banan

la pomme

eple

l'orange

appelsin

le melon

melon

le citron.

sitron

la carotte

gulrot

l'ail

hvitløk

le bambou

bambus

l'oignon

løk

le champignon

sopp

les noisettes

nøtter

les pâtes

nudler

les spaghetti

spagetti

le riz

ris

la salade

salat

les pommes frites

pommes frites

les pommes de terre rôties

stekte poteter

la pizza

pizza

le hamburger

hamburger

le sandwich

sandwich

l'escalope

biff

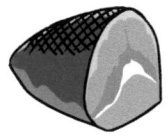

le jambon

skinke

le salami

salami

la saucisse

pølse

le poulet

kylling

le rôti

stek

le poisson

fisk

les flocons d'avoine

havregryn

le muesli

müsli

les cornflakes

cornflakes

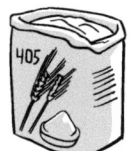

la farine

mel

le croissant

croissant

les petits-pains

rundstykke

le pain

brød

le pain grillé

ristet brød

les biscuits

kjeks

le beurre

smør

le fromage blanc

kvarg

le gâteau

kake

l'œuf

egg

l'œuf au plat

speilegg

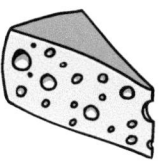

le fromage

ost

la glace

iskrem

le sucre

sukker

le miel

honning

la confiture

syltetøy

la crème nougat

sjokoladepålegg

le curry

karri

l'alimentation - mat

la ferme
bondegård

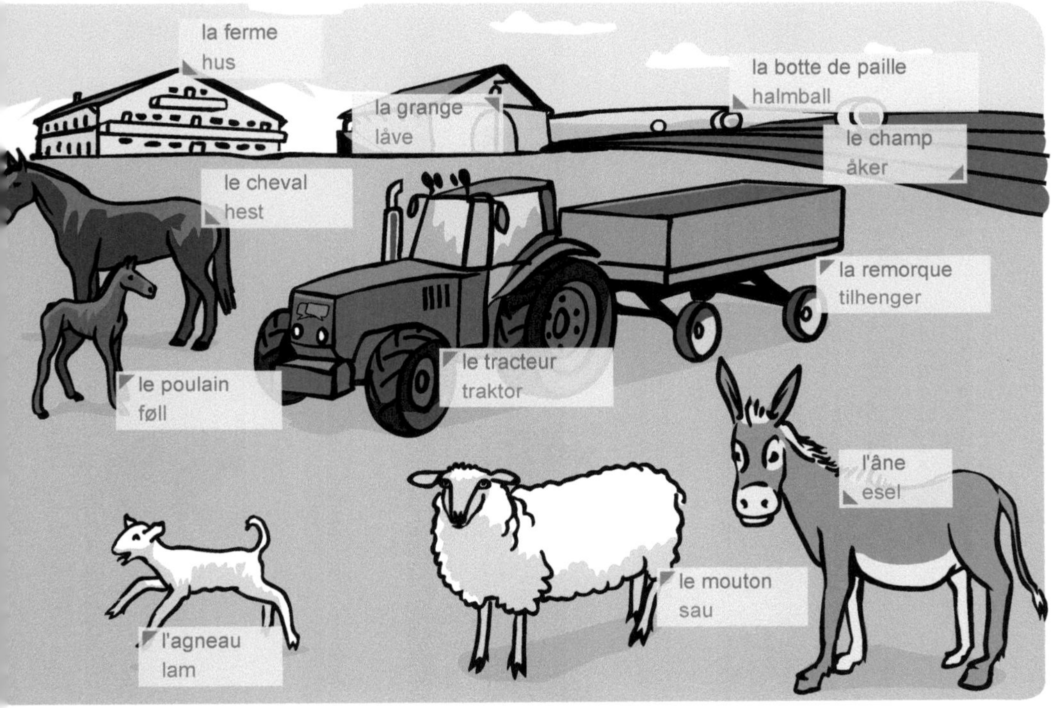

la ferme
hus

la botte de paille
halmball

la grange
låve

le champ
åker

le cheval
hest

la remorque
tilhenger

le poulain
føll

le tracteur
traktor

l'âne
esel

le mouton
sau

l'agneau
lam

la chèvre
geit

la vache
ku

le veau
kalv

le porc
gris

le porcelet
grisunge

le taureau
okse

la ferme - bondegård

l'oie

gås

le canard

and

le poussin

kylling

la poule

høne

le coq

hane

le rat

rotte

le chat

katt

la souris

mus

le bœuf

okse

le chien

hund

le chenil

hundehus

le tuyau de jardin

hageslange

l'arrosoir

vannkanne

la faucheuse

ljå

la charrue

plog

la ferme - bondegård

la faucille
sigd

la pioche
hakke

la fourche
høygaffel

la hache
øks

la brouette
trillebår

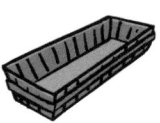

la cuve
trau

le pot à lait
melkekanne

le sac
sekk

la clôture
gjerde

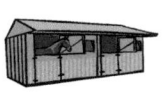

l'étable
fjøs

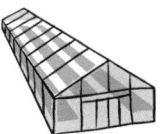

le serre
drivhus

le sol
jord

les semences
frø

l'engrais
gjødsel

la moissonneuse-batteuse
skurtresker

récolter

høste

la récolte

innhøsting

l'igname

yams

le blé

hvete

le soja

soja

la pomme de terre

potet

le maïs

mais

le colza

raps

l'arbre fruitier

frukttre

le manioc

kassava

les céréales

korn

la maison
hus

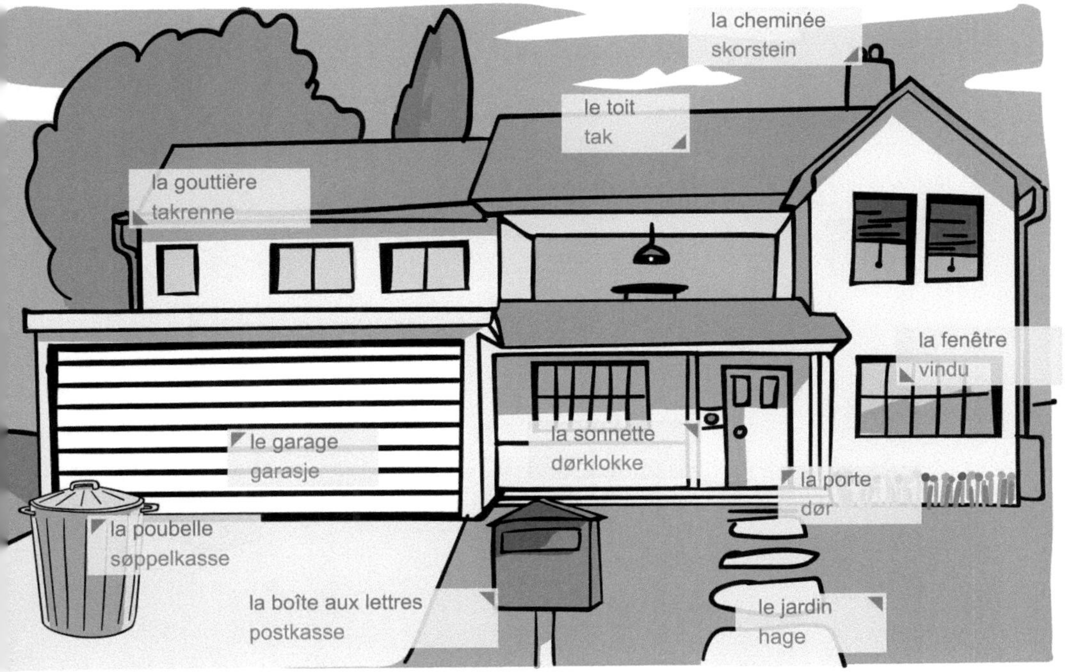
la cheminée
skorstein
le toit
tak
la gouttière
takrenne
la fenêtre
vindu
le garage
garasje
la sonnette
dørklokke
la porte
dør
la poubelle
søppelkasse
la boîte aux lettres
postkasse
le jardin
hage

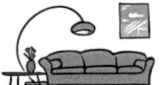

le salon

stue

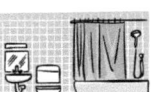

la salle de bain

bad

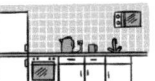

la cuisine

kjøkken

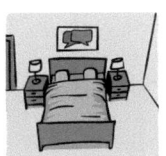

la chambre à coucher

soverom

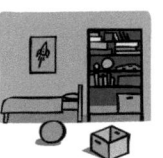

la chambre d'enfant

barnerom

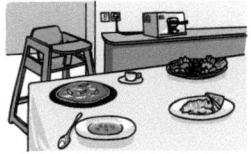

la salle à manger

spisestue

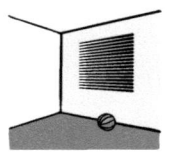

le sol

gulv

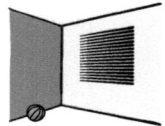

le mur

vegg

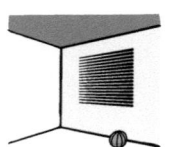

le plafond

tak

la cave

kjeller

le sauna

badstue

le balcon

balkong

la terrasse

terrasse

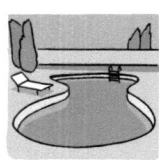

la piscine

svømmebasseng

la tondeuse à gazon

gressklipper

la housse

laken

la couette

dyne

le lit

seng

le balai

kost

le sceau

bøtte

l'interrupteur

bryter

le salon
stue

le papier peint
tapet
l'image
bilde
la lampe
lampe
l'étagère
hylle
l'armoire
skap
la télé
tv
la cheminée
peis
la fleur
blomst
le coussin
pute
le sofa
sofa
le vase
vase
la télécommande
fjernkontroll

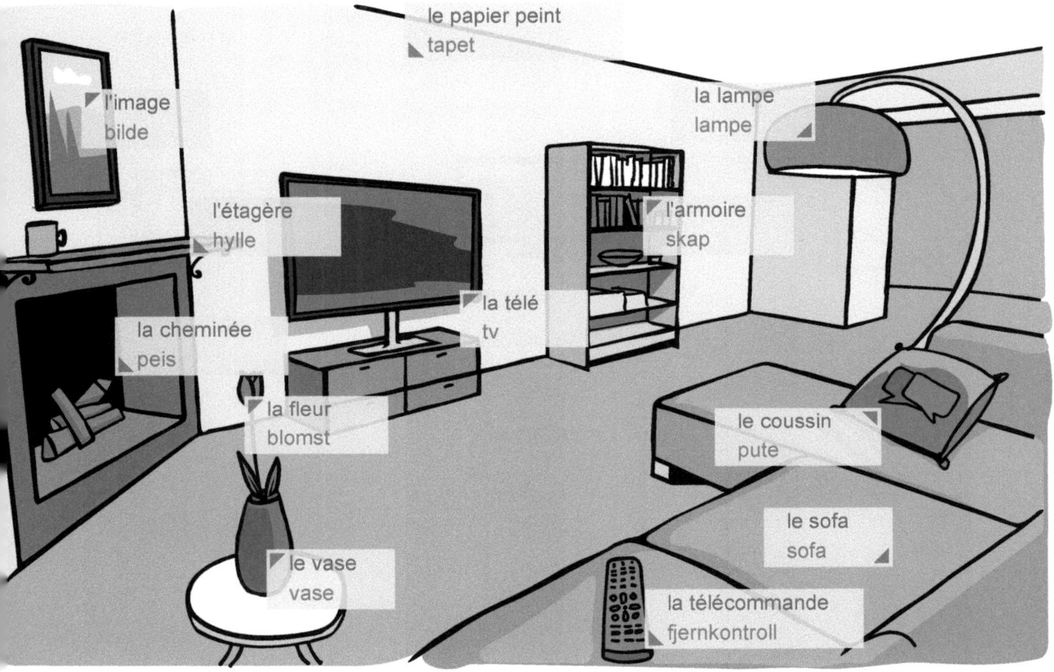

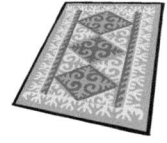

le tapis

gulvteppe

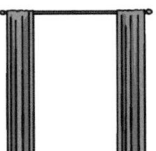

le rideau

gardin

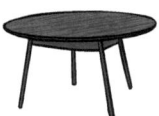

la table

bord

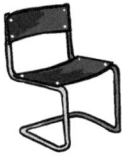

la chaise

stol

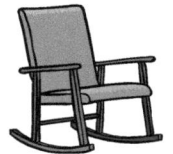

la chaise à bascule

gyngestol

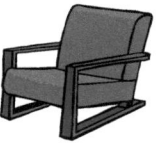

le fauteuil

lenestol

le livre

bok

la couverture

teppe

la décoration

dekorasjon

le bois de chauffage

ved

le film

film

la chaîne hi-fi

stereoanlegg

la clé

nøkkel

le journal

avis

la peinture

maleri

le poster

plakat

la radio

radio

le bloc-notes

notatblokk

l'aspirateur

støvsuger

le cactus

kaktus

la bougie

lys

la cuisine
kjøkken

le réfrigérateur
kjøleskap
le four à micro-ondes
mikrobølgeovn
la balance de cuisine
kjøkkenvekt
le grille-pain
brødrister
le détergent
vaskemiddel
le four
ovn
le compartiment congélateur
fryser
la poubelle
søppelkasse
le lave-vaisselle
oppvaskmaskin

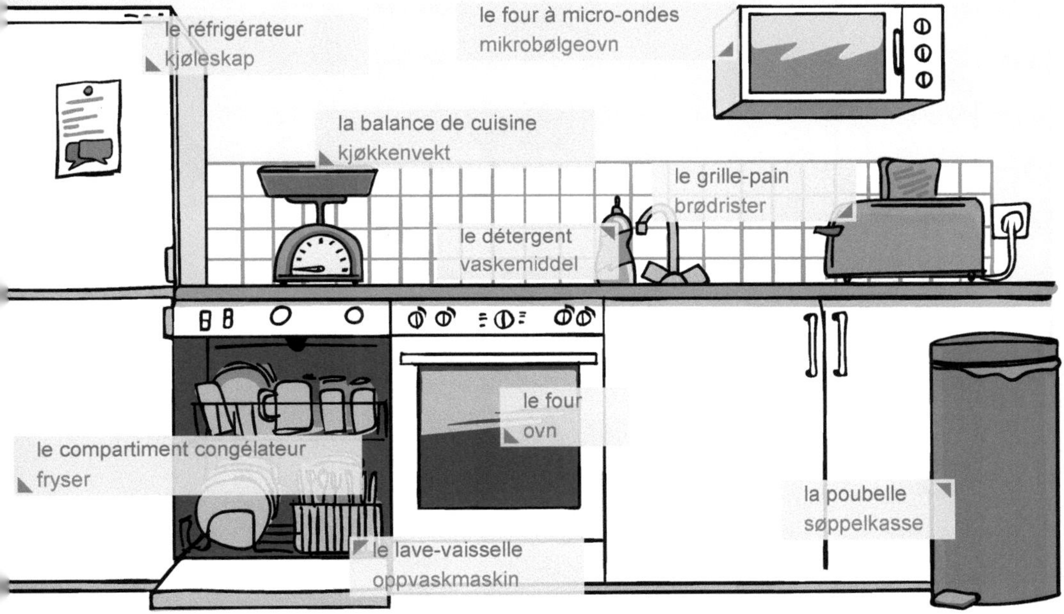

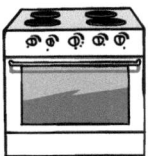

le four
komfyr

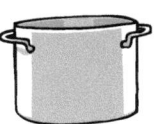

la casserole
gryte

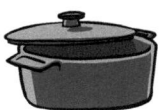

la marmite
jerngryte

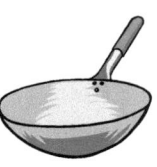

le wok / kadai
wokpanne

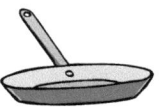

la poêle
panne

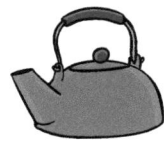

la bouilloire electrique
vannkoker

le cuiseur vapeur

dampovn

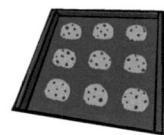

la plaque de cuisson

stekebrett

la vaisselle

servise

le gobelet

krus

la coupe

bolle

les baguettes

spisepinner

la louche

øse

la spatule

stekespade

le fouet

visp

la passoire

sil

le tamis

sil

la râpe

rivjern

le mortier

mørtel

le barbecue

grill

la cheminée

bål

la planche à découper

skjærefjøl

le rouleau à pâtisserie

kjevle

le tire-bouchon

korketrekker

la boîte

boks

l'ouvre-boîte

boksåpner

les maniques

gryteklut

le lavabo

vask

la brosse

børste

l'éponge

svamp

le mixeur

blender

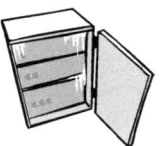

le congélateur

fryseboks

le biberon

tåteflaske

le robinet

kran

la cuisine - kjøkken

la salle de bain

bad

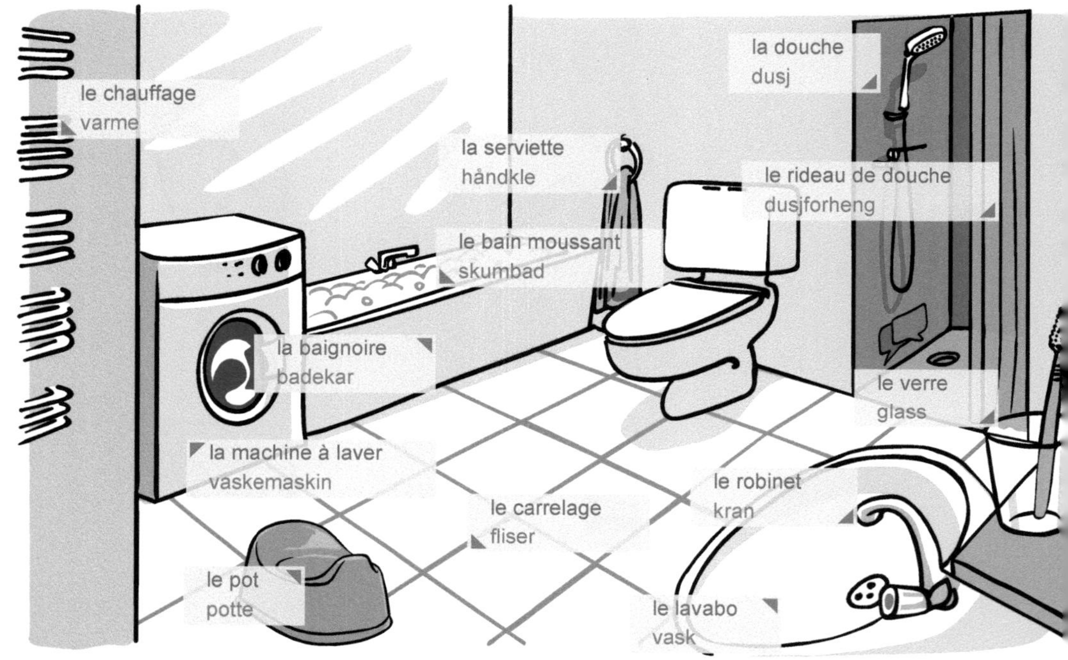
le chauffage
varme
la douche
dusj
la serviette
håndkle
le rideau de douche
dusjforheng
le bain moussant
skumbad
la baignoire
badekar
le verre
glass
la machine à laver
vaskemaskin
le robinet
kran
le carrelage
fliser
le pot
potte
le lavabo
vask

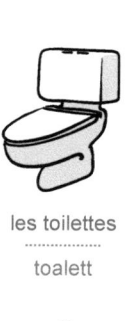

les toilettes
toalett

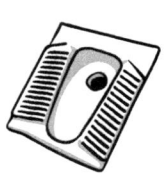

la toilette à la turque
ståtoalett

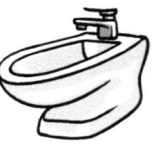

le bidet
bidet

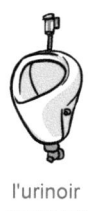

l'urinoir
pissoar

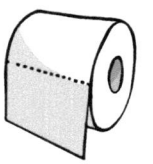

le papier toilette
toalettpapir

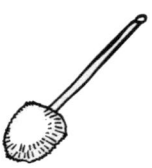

la brosse à toilette
toalettbørste

la brosse à dents

tannbørste

le dentifrice

tannkrem

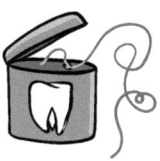

le fil dentaire

tanntråd

laver

vaske

la douche manuelle

hånddusj

la douche intime

intimdusj

la vasque

oppvaskbalje

la brosse dorsale

ryggbørste

le savon

såpe

le gel douche

dusjsåpe

le shampooing

sjampo

le gant de toilette

vaskeklut

l'écoulement

avløp

la crème

krem

le déodorant

deodorant

le miroir

speil

le miroir cosmétique

håndspeil

le rasoir

barberhøvel

la mousse à raser

barberskum

l'après-rasage

barberingsvann

la peigne

kam

la brosse

børste

le sèche-cheveux

hårføner

la laque pour cheveux

hårspray

le fond de teint

sminke

le rouge à lèvres

lebestift

le vernis à ongles

neglelakk

l'ouate

bomullsdott

le coupe-ongles

neglesaks

le parfum

parfyme

la trousse de toilette

toalettmappe

le tabouret

krakk

le pèse-personne

vekt

le peignoir

badekåpe

les gants de nettoyage

gummihansker

le tampon

tampong

les serviettes hygiéniques

sanitetsbind

la toilette chimique

kjemisk toalett

la chambre d'enfant

barnerom

le réveil
vekkerklokke
le doudou
kosedyr
la voiture jouet
lekebil
le hochet
rangle
la maison de poupée
dukkehus
le cadeau
gave

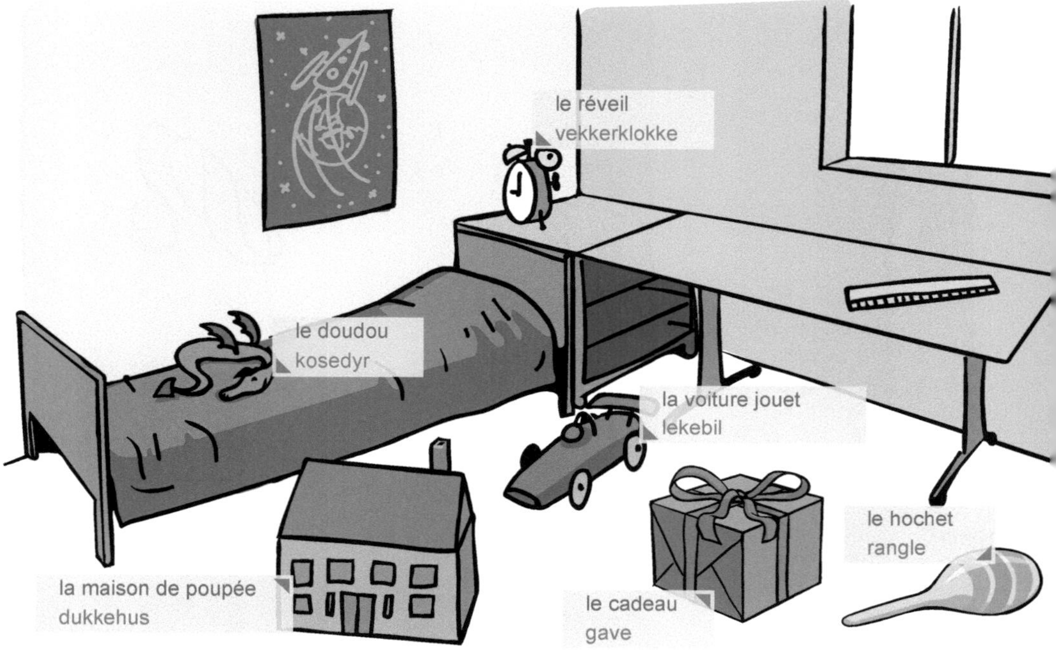

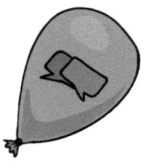

le ballon

ballong

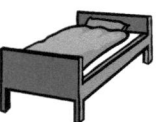

le lit

seng

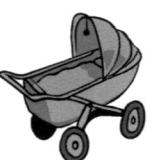

la poussette

barnevogn

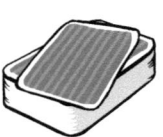

le jeu de cartes

kortstokk

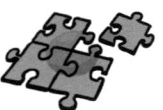

le puzzle

puslespill

SUPER
MEGA

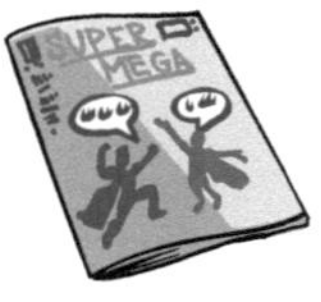

la bande dessinée

tegneserie

les pièces lego

lego klosser

les blocs de construction

byggeklosser

la figurine

actionfigur

la grenouillère

sparkebukse

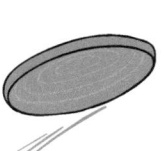

le frisbee

frisbee

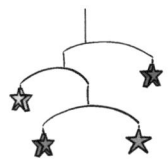

le mobile

uro

le jeu de société

brettspill

le dé

terning

le train miniature

togbane

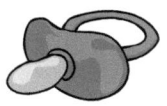

la sucette

smokk

la fête

fest

le livre d'images

bildebok

la balle

ball

la poupée

dukke

jouer

leke

le bac à sable
sandkasse

la balançoire
gynge

les jouets
leketøy

la console de jeu
spillekonsoll

le tricycle
trehjulssykkel

l'ours en peluche
bamse

l'armoire
garderobeskap

les vêtements
klær

les chaussettes
sokker

les bas
strømper

le collant
strømpebukse

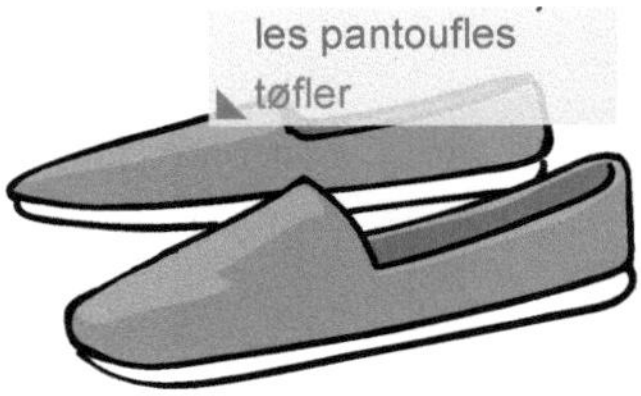

l'écharpe
skjerf

le parapluie
paraply

le t-shirt
t-skjorte

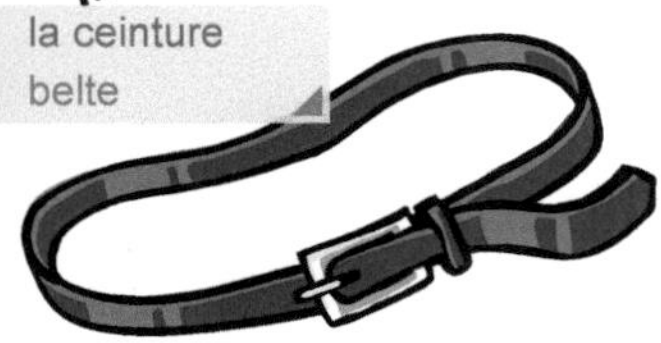

la ceinture
belte

les bottes
støvler

les pantoufles
tøfler

les baskets
sneakers

les sandales
....
sandaler

les chaussures
....
sko

les bottes de caoutchouc
....
gummistøvler

les sous-vêtements
....
underbukse

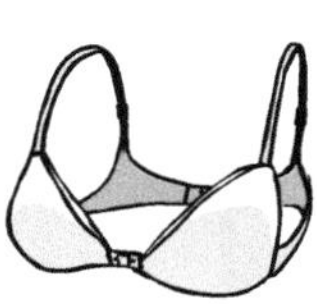

le soutien-gorge
....
BH

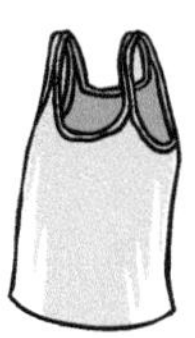

le maillot de corps
....
undertrøye

le body

body

le pantalon

bukse

le jean

dongeribukse

la jupe

skjørt

le chemisier

bluse

la chemise

skjorte

le pull

genser

le sweat à capuche

hettegenser

la veste

dressjakke

la veste

jakke

le manteau

kåpe

l'imperméable

regnjakke

le costume

drakt

la robe

kjole

la robe de mariée

brudekjole

le costume
dress

la chemise de nuit
nattkjole

le pyjama
pyjamas

le sari
sari

le foulard
skaut

le turban
turban

la burqa
burka

le caftan
kaftan

l'abaya
abaya

le maillot de bain
badedrakt

le maillot de bain
badebukse

le short
shorts

la tenue d'entraînement
treningsklær

le tablier
forkle

les gants
handske

le bouton

knapp

les lunettes

brille

le bracelet

armbånd

le collier

kjede

la bague

ring

la boucle d'oreille

øredobb

le bonnet

lue

le cintre

kleshenger

le chapeau

hatt

la cravate

slips

la fermeture éclair

glidelås

le casque

hjelm

les bretelles

bukseseler

l'uniforme scolaire

skoleuniform

l'uniforme

uniform

les vêtements - klær

le bavoir

smekke

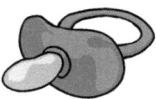

la sucette

smokk

la lange

bleie

le bureau
kontor

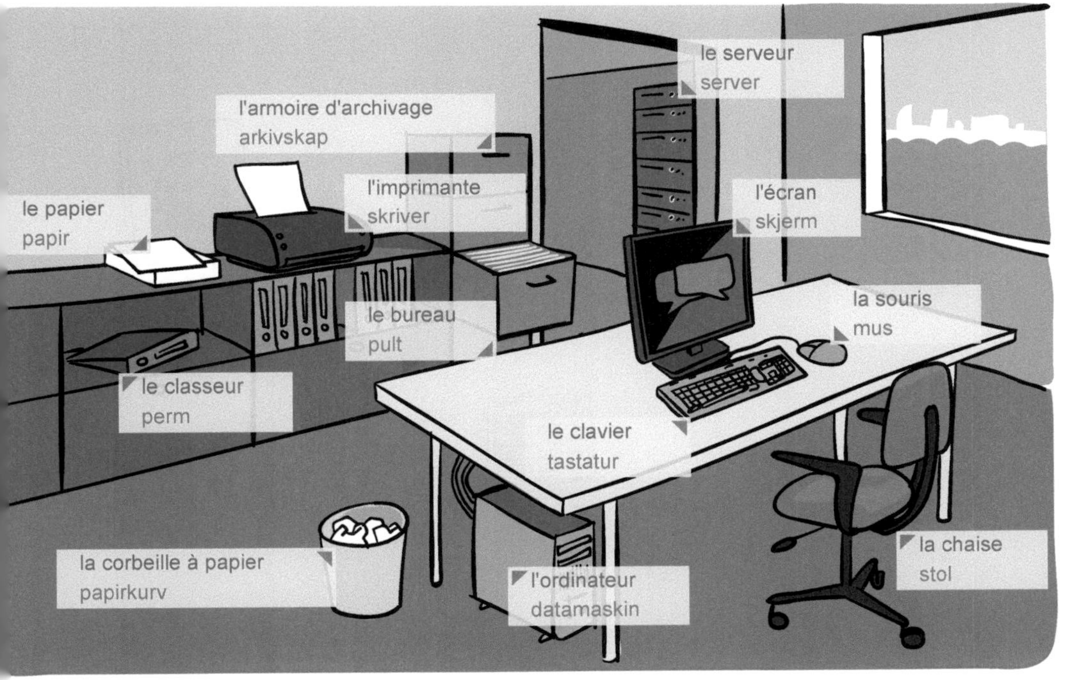

le serveur
server

l'armoire d'archivage
arkivskap

l'imprimante
skriver

l'écran
skjerm

le papier
papir

la souris
mus

le bureau
pult

le classeur
perm

le clavier
tastatur

la corbeille à papier
papirkurv

la chaise
stol

l'ordinateur
datamaskin

la tasse de café

kaffekopp

la calculatrice

kalkulator

l'internet

internett

l'ordinateur portable

bærbar pc

la lettre

brev

le message

beskjed

le portable

mobiltelefon

le réseau

nettverk

la photocopieuse

kopimaskin

le logiciel

programvare

le téléphone

telefon

la prise

stikkontakt

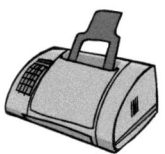

le fax

faksmaskin

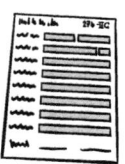

le formulaire

skjema

le document

dokument

acheter

kjøpe

payer

betale

faire du commerce

handle

la monnaie

penger

le dollar

dollar

l'euro

euro

le yen

yen

le rouble

rubel

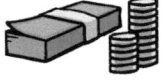

le franc suisse

sveitserfranc

le renminbi yuan

renminbi

la roupie

rupi

le distributeur automatique

minibank

le bureau de change

vekslingskontor

l'or

gull

l'argent

sølv

le pétrole

olje

l'énergie

energi

le prix

pris

le contrat

kontrakt

la taxe

avgift

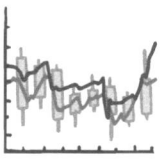

l'action

aksje

travailler

jobbe

l'employé

ansatt

l'employeur

arbeitsgiver

l'usine

fabrikk

le magasin

butikk

les professions
yrker

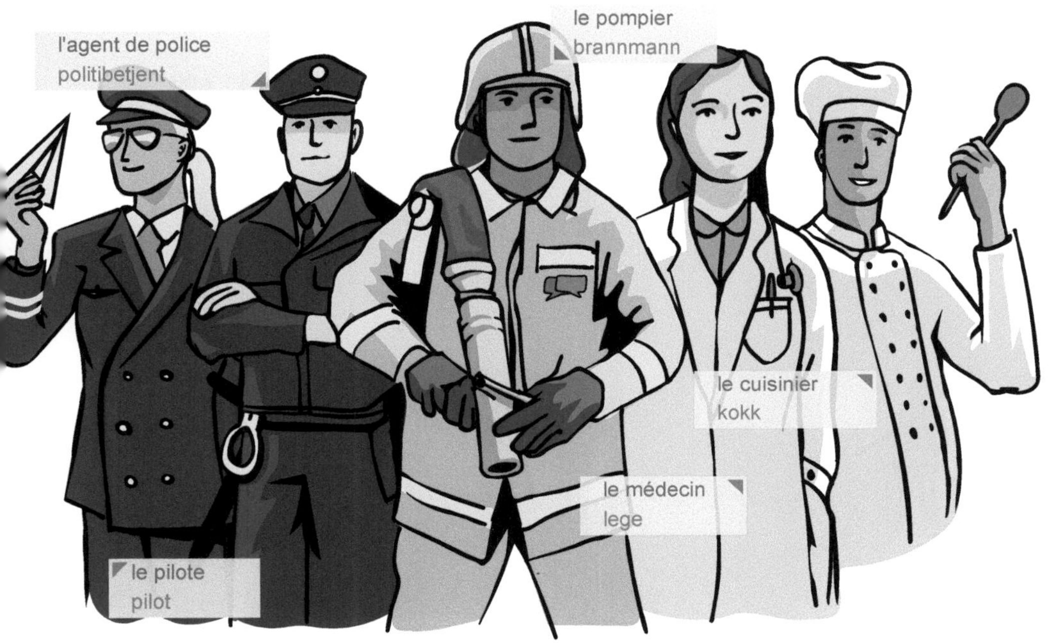
l'agent de police
politibetjent
le pompier
brannmann
le cuisinier
kokk
le médecin
lege
le pilote
pilot

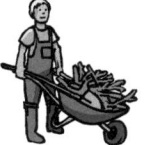

le jardinier

gartner

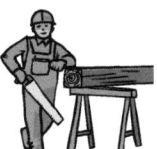

le menuisier

snekker

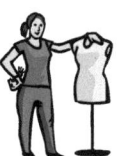

la couturière

syerske

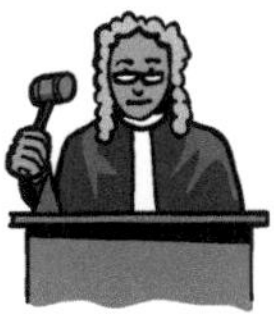

le juge

dommer

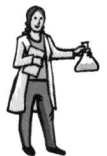

le chimiste

kjemiker

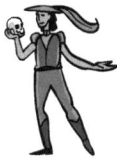

l'acteur

skuespiller

le conducteur de bus

bussjåfør

le chauffeur de taxi

taxisjåfør

le pêcheur

fisker

la femme de ménage

vaskedame

le couvreur

taktekker

le serveur

kelner

le chasseur

jeger

le peintre

maler

le boulanger

baker

l'électricien

elektriker

l'ouvrier

bygningsarbeider

l'ingénieur

ingeniør

le boucher

slakter

le plombier

rørlegger

le facteur

postbud

le soldat

soldat

l'architecte

arkitekt

le caissier

kasserer

le fleuriste

blomsterhandler

le coiffeur

frisør

le contrôleur

konduktør

le mécanicien

mekaniker

le capitaine

kaptein

le dentiste

tannlege

le scientifique

forsker

le rabbin

rabbi

l'imam

imam

le moine

munk

le prêtre

prest

les professions - yrker

les outils
verktøy

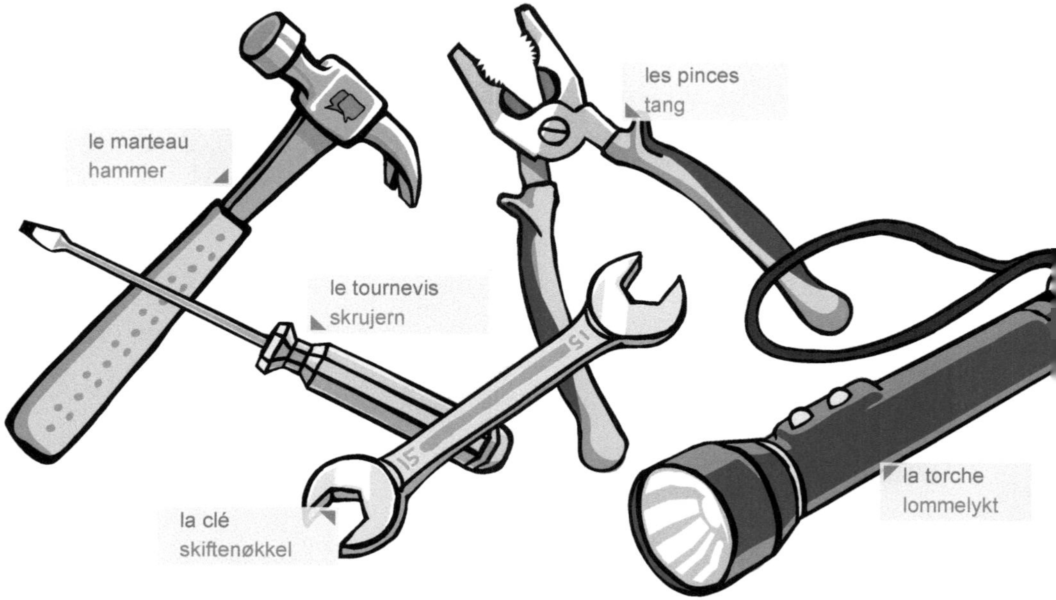

le marteau
hammer
les pinces
tang
le tournevis
skrujern
la clé
skiftenøkkel
la torche
lommelykt

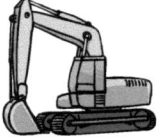

la pelleteuse

gravemaskin

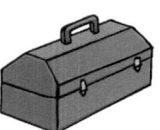

la boîte à outils

verktøykasse

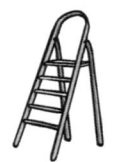

l'échelle

stige

la scie

sag

les clous

spiker

la perceuse

bor

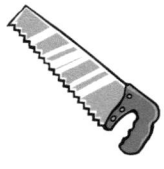

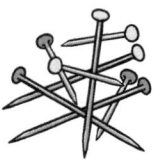

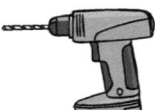

réparer
reparere

la pelle
spade

Mince !
Søren!

la pelle
feiebrett

le pot de peinture
malingsspann

les vis
skruer

les instruments de musique
musikkinstrument

le haut-parleurs
høyttaler

la batterie
trommesett

la guitare
gitar

la contrebasse
kontrabass

la trompette
trompet

le piano

piano

le violon

fiolin

la basse

bass

les timbales

pauke

le tambour

trommer

le piano électrique

keyboard

le saxophone

saksofon

la flûte

fløyte

le microphone

mikrofon

l'entrée
inngang

le tigre
tiger

la cage
bur

le zèbre
sebra

l'alimentation animale
dyrefôr

le panda
panda

les animaux
dyr

l'éléphant
elefant

le kangourou
kenguru

le rhinocéros
neshorn

le gorille
gorilla

l'ours
bjørn

le chameau
kamel

l'autruche
struts

le lion
løve

le singe
ape

le flamand rose
flamingo

le perroquet
papegøye

l'ours polaire
isbjørn

le pingouin
pingvin

le requin
hai

le paon
påfugl

le serpent
slange

le crocodile
krokodille

le gardien de zoo
dyrepasser

le phoque
sel

le jaguar
jaguar

le poney

ponni

le léopard

leopard

l'hippopotame

flodhest

la girafe

giraff

l'aigle

ørn

le sanglier

villsvin

le poisson

fisk

la tortue

skilpadde

le morse

hvalross

le renard

rev

la gazelle

gaselle

le zoo - dyrehage

l'american Football
amerikansk fotball

le cyclisme
sykling

le tennis
tennis

le basket-ball
basketball

la natation
svømming

la boxe
boksing

le hockey sur glace
ishockey

le football
fotball

le badminton
badminton

l'athlétisme
friidrett

le handball
håndball

le ski
stå på ski

le polo
polo

les activités
aktiviteter

rire
le
sauter
hoppe
embrasser
klemme
marcher
gå
chanter
synge
rêver
drømme
prier
be
faire la bise
kysse

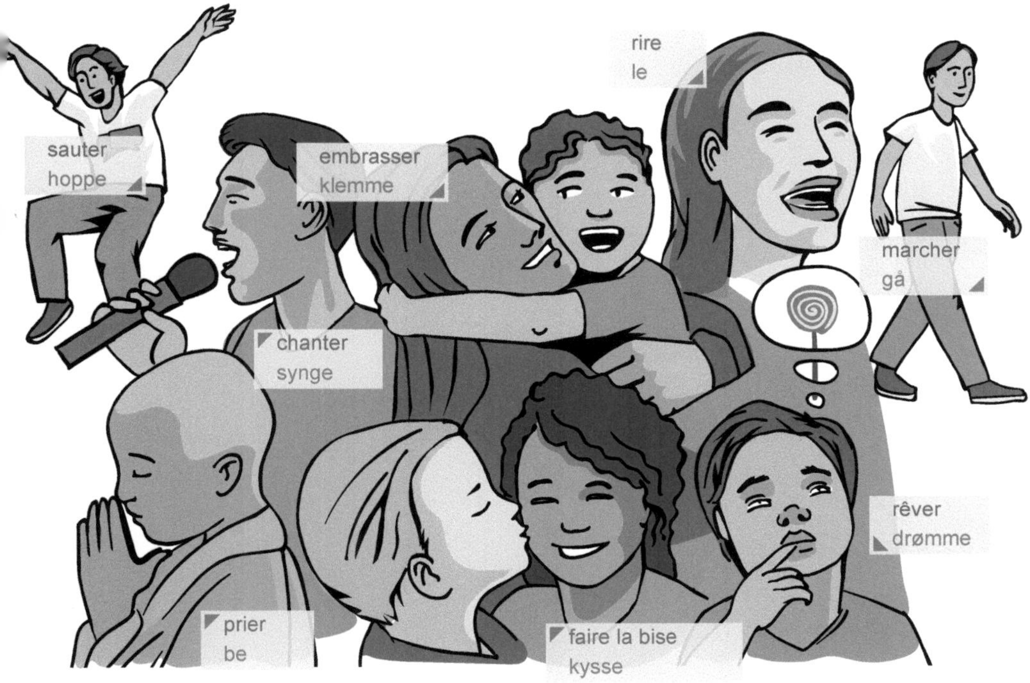

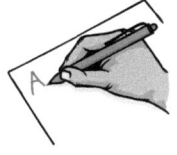

écrire

skrive

dessiner

tegne

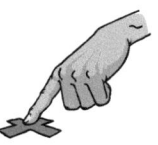

montrer

vise

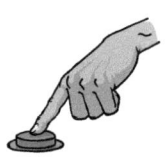

pousser

trykke

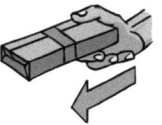

donner

gi

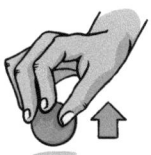

prendre

ta

avoir

ha

faire

gjøre

être

være

être debout

stå

courir

løpe

trier

dra

jeter

kaste

tomber

falle

être couché

ligge

attendre

vente

porter

bære

être assis

sitte

s'habiller

kle på

dormir

sove

se réveiller

våkne

regarder

se på

pleurer

gråte

caresser

stryke

peigner

gre

parler

snakke

comprendre

forstå

demander

spørre

écouter

høre

boire

drikke

manger

spise

ranger

rydde

aimer

elske

cuire

lage mat

conduire

kjøre

voler

fly

les activités - aktiviteter

faire de la voile

seile

calculer

regne

lire

lese

apprendre

lære

travailler

jobbe

se marier

gifte seg

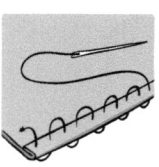

coudre

sy

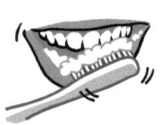

brosser les dents

pusse tenner

tuer

drepe

fumer

røyke

envoyer

sende

la famille
familie

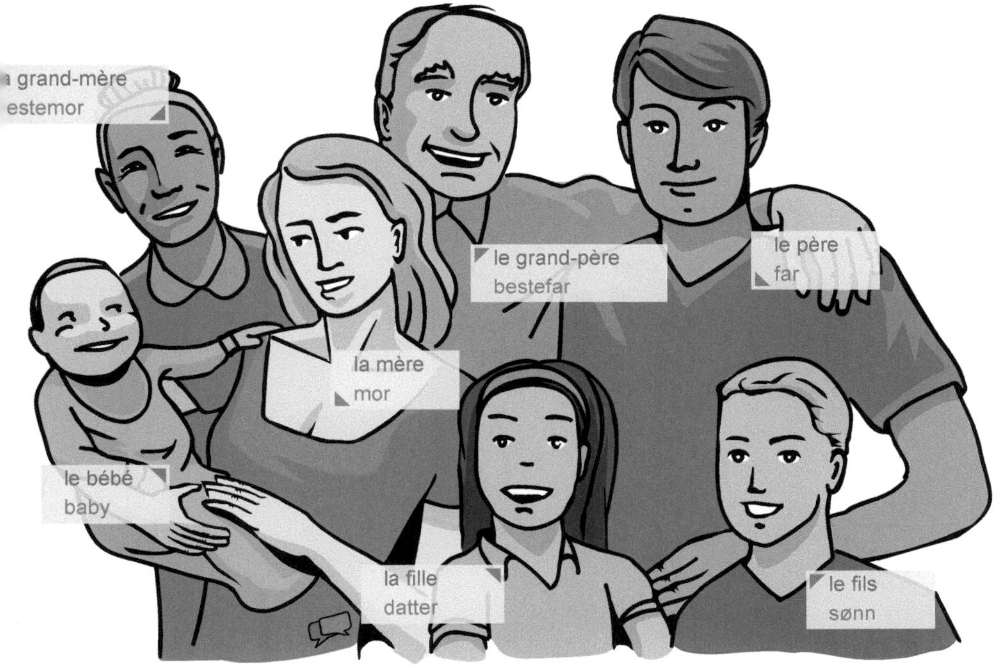

a grand-mère
estemor
le grand-père
bestefar
le père
far
la mère
mor
le bébé
baby
la fille
datter
le fils
sønn

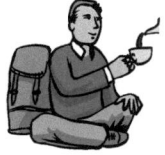

l'hôte

gjest

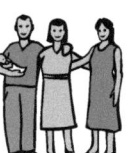

la tante

tante

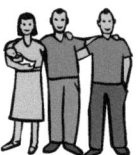

l'oncle

onkel

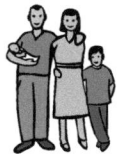

le frère

bror

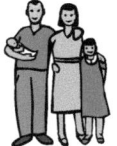

la sœur

søster

le corps
kropp

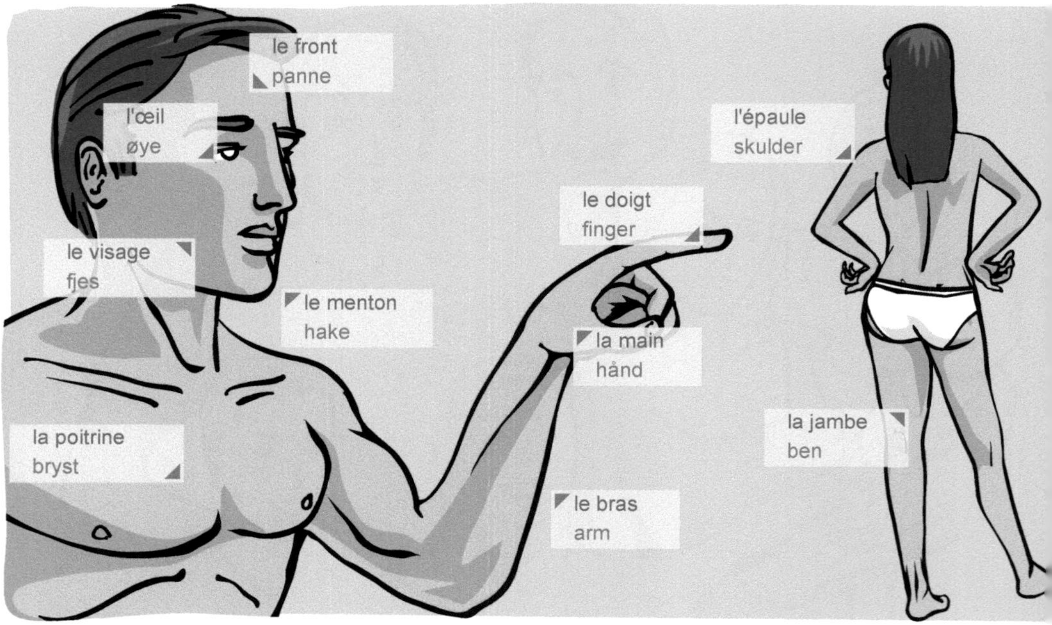

le front
panne

l'œil
øye

l'épaule
skulder

le doigt
finger

le visage
fjes

le menton
hake

la main
hånd

la poitrine
bryst

la jambe
ben

le bras
arm

le bébé

baby

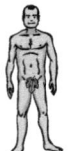

l'homme

mann

la femme

kvinne

la fille

jente

le garçon

gutt

la tête

hode

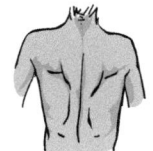

le dos

rygg

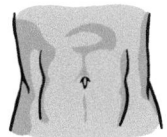

le ventre

mage

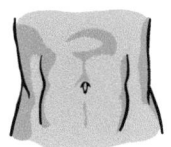

le nombril

navle

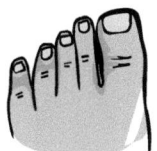

l'orteil

tå

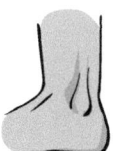

le talon

hæl

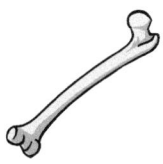

l'os

bein

la hanche

hofte

le genou

kne

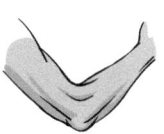

le coude

albue

le nez

nese

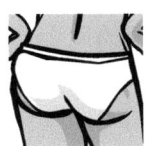

les fesses

rumpe

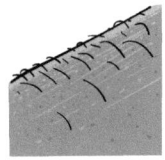

la peau

hud

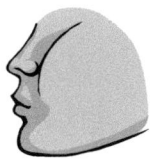

la joue

kinn

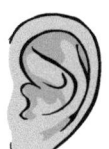

l'oreille

øre

la lèvre

leppe

le corps - kropp

la bouche
....
munn

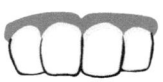

la dent
....
tann

la langue
....
tunge

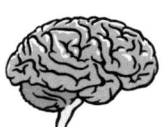

le cerveau
....
hjerne

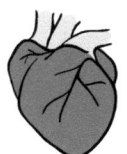

le cœur
....
hjerte

le muscle
....
muskel

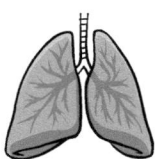

les poumons
....
lunge

le foie
....
lever

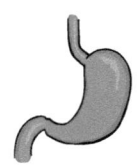

l'estomac
....
magesekk

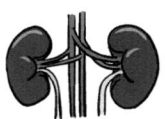

les reins
....
nyrer

le rapport sexuel
....
samleie

le préservatif
....
kondom

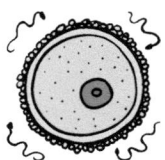

l'ovule
....
eggcelle

le sperme
....
sæd

la grossesse
....
graviditet

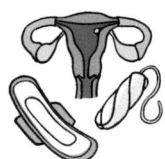

la menstruation

menstruasjon

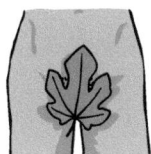

le vagin

vagina

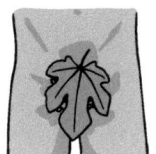

le pénis

penis

le sourcil

øyenbryn

les cheveux

hàr

le cou

hals

l'hôpital
sykehus

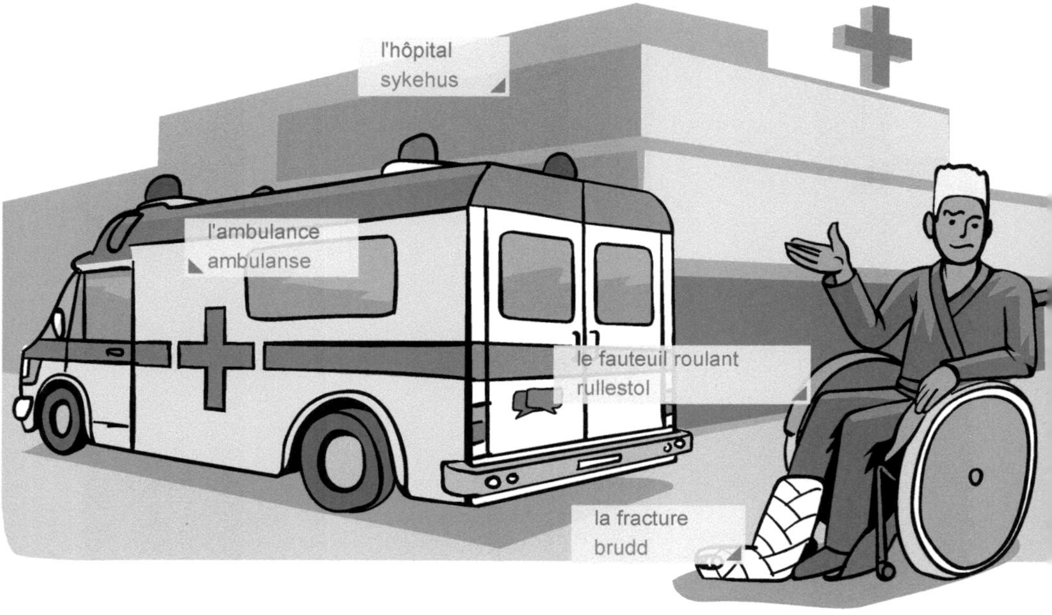

l'hôpital
sykehus
l'ambulance
ambulanse
le fauteuil roulant
rullestol
la fracture
brudd

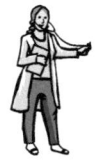

le médecin

lege

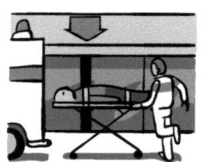

le service des urgences

akuttmottak

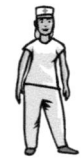

l'infirmière

sykepleier

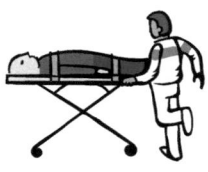

l'urgence

nødsituasjon

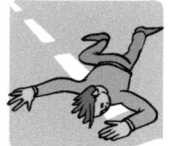

inconscient

bevisstløs

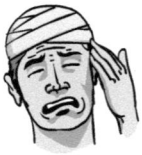

la douleur

smerte

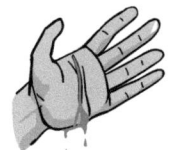

la blessure

skade

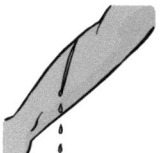

l'hémorragie

blødning

la crise cardiaque

hjerteinfarkt

l'attaque cérébrale

hjerneslag

l'allergie

allergi

la toux

hoste

la fièvre

feber

la grippe

influensa

la diarrhée

diaré

le mal de tête

hodepine

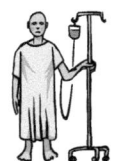

le cancer

kreft

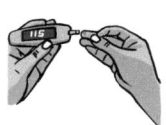

le diabète

diabetes

le chirurgien

kirurg

le scalpel

skalpell

l'opération

operasjon

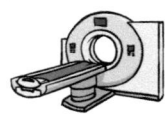

le CT

CT

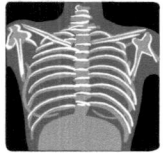

la radiographie

røntgen

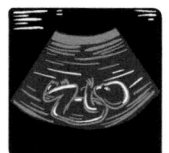

l'échographie

ultralyd

le masque

ansiktsmaske

la maladie

sykdom

la salle d'attente

venterom

la béquille

krykke

le pansement

plaster

le pansement

bandasje

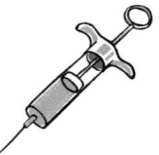

l'injection

injeksjon

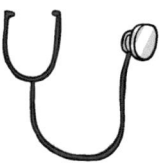

le stéthoscope

stetoskop

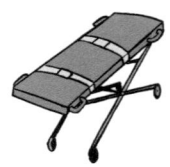

le brancard

båre

le thermomètre

klinisk termometer

l'accouchement

fødsel

la surcharge pondérale

overvekt

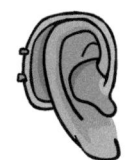

l'appareil auditif
......
høreapparat

le désinfectant
......
desinfeksjonsmiddel

l'infection
......
infeksjon

le virus
......
virus

le VIH / le sida
......
HIV/AIDS

le médicament
......
medisin

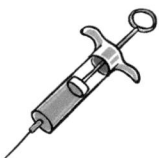

la vaccination
......
vaksinasjon

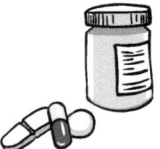

les comprimés
......
tabletter

la pilule
......
pille

l'appel d'urgence
......
nødanrop

le tensiomètre
......
blodtrykksmåler

malade / sain
......
syk / frisk

Au secours !

Hjelp!

l'assaut

overfall

l'attaque

angrep

le danger

fare

la sortie de secours

nødutgang

Au feu!

Brann!

l'extincteur

brannslukker

l'accident

ulykke

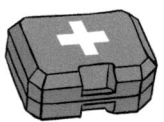

la trousse de premier secours

førstehjelpsskrin

SOS

SOS

la police

politi

l'Europe

Europa

l'Amérique du Nord

Nord-Amerika

l'Amérique du Sud

Sør-Amerika

l'Afrique

Afrika

l'Asie

Asia

l'Australie

Australia

l'Océan atlantique

Atlanterhavet

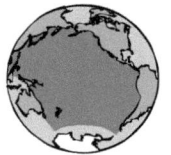

l'Océan pacifique

Stillehavet

l'Océan indien

Det indiske hav

l'Océan antarctique

Sørishavet

l'Océan arctique

Nordishavet

le Pôle nord

Nordpolen

le Pôle sud
Sydpolen

l'Antarctique
Antarktis

la terre
jorden

le pays
land

la mer
sjø

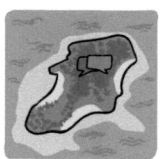

l'île
øy

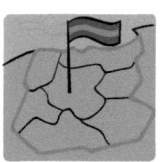

la nation
nasjon

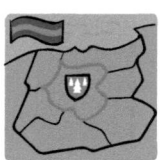

l'état
stat

le cadran

urskive

l'aiguille des heures

timeviser

l'aiguille des minutes

minuttviser

l'aiguille des secondes

sekundviser

Quelle heure est-il ?

Hva er klokken?

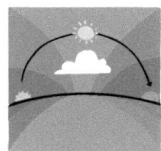

le jour

dag

le temps

tid

maintenant

nå

la montre digitale

digitalklokke

la minute

minutt

l'heure

time

la semaine

uke

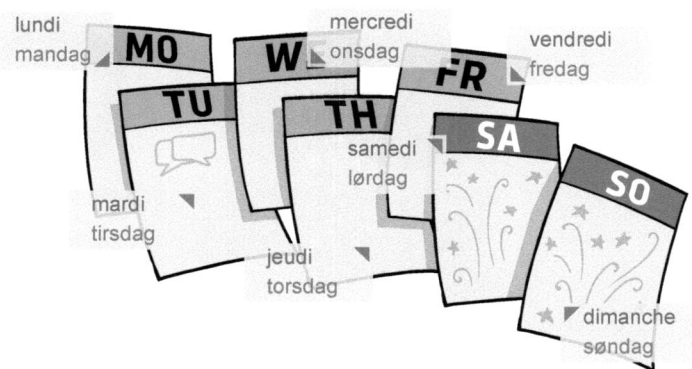

lundi / mandag — MO
mercredi / onsdag — W
vendredi / fredag — FR
mardi / tirsdag — TU
jeudi / torsdag — TH
samedi / lørdag — SA
dimanche / søndag — SO

hier
i går

aujourd'hui
i dag

demain
i morgen

le matin
morgen

le midi
middag

le soir
kveld

MO	TU	WE	TH	FR	SA	SU
1	2	3	4	5	6	7
8	9	10	11	12	13	14
15	16	17	18	19	20	21
22	23	24	25	26	27	28
29	30	31	1	2	3	4

les jours ouvrables
arbeidsdag

MO	TU	WE	TH	FR	SA	SU
1	2	3	4	5	6	7
8	9	10	11	12	13	14
15	16	17	18	19	20	21
22	23	24	25	26	27	28
29	30	31	1	2	3	4

le week-end
helg

l'année

år

la pluie
regn
l'arc-en-ciel
regnbue
la neige
snø
le vent
vind
le printemps
vår
l'automne
høst
l'été
sommer
l'hiver
vinter

4.APRIL 11°
5.APRIL 4°
6.APRIL 13°
7.APRIL 8°
8.APRIL 10°

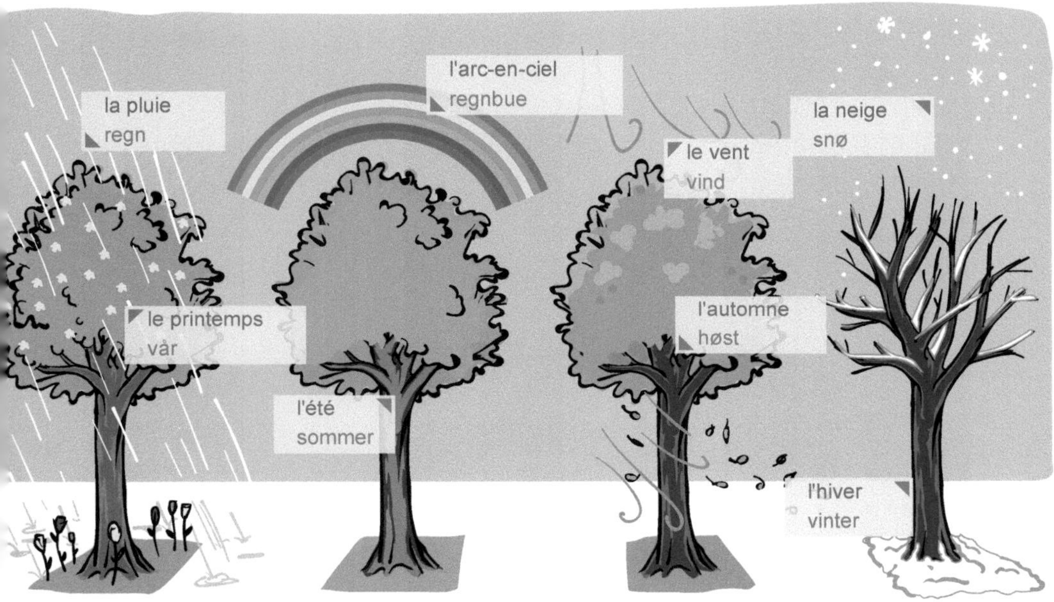

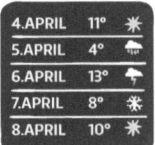

la météo

værmelding

F
C
120
90
60
30
0
-30
40
30
20
10
0
-10
-20

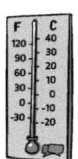

le thermomètre

termometer

la lumière du soleil

solskinn

le nuage

sky

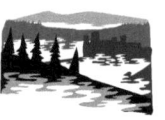

le brouillard

tåke

l'humidité

luftfuktighet

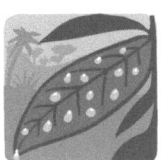

la foudre

lyn

la tonnerre

torden

la tempête

storm

la grêle

hagl

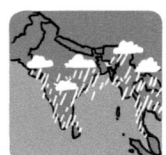

la mousson

monsun

l'inondation

oversvømmelse

la glace

is

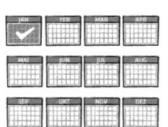

janvier

januar

février

februar

mars

mars

avril

april

mai

mai

juin

juni

juillet

juli

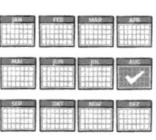

août

august

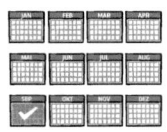

septembre

september

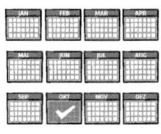

octobre

oktober

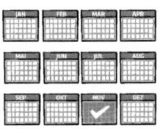

novembre

november

décembre

desember

les formes
former

le cercle

sirkel

le carré

kvadrat

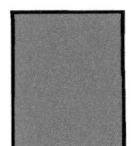

le rectangle

rektangel

le triangle

triangel

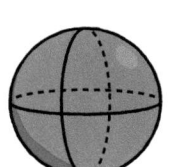

la sphère

kule

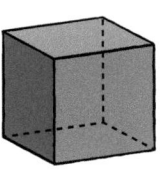

le cube

kube

blanc

hvit

jaune

gul

orange

oransj

rose

rosa

rouge

rød

violet

lilla

bleu

blå

vert

grønn

marron

brun

gris

grå

noir

svart

beaucoup / peu

mye / lite

fâché / calme

sint / rolig

joli / laid

pen / stygg

le début / la fin

start / slutt

grand / petit

stor / liten

clair / obscure

lys / mørk

frère / soeur

bror / søster

propre / sale

ren / skitten

complet / incomplet

fullstendig / ufullstendig

le jour / la nuit

dag / natt

mort / vivant

død / levende

large / étroit

bred / smal

comestible / incomestible

spiselig / uspiselig

méchant / gentil

ond / snill

excité / ennuyé

begeistret / lei

gros / mince

tykk / tynn

le premier / le dernier

først / sist

l'ami / l'ennemi

venn / fiende

plein / vide

full / tom

dur / souple

hard / myk

lourd / léger

tung / lett

faim / soif

sulten / tørst

malade / sain

syk / frisk

illégal / légal

ulovlig / lovlig

intelligent / stupide

intelligent / dum

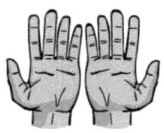

gauche / droite

venstre / høyre

proche / loin

nære / langt unna

nouveau / usé

ny / brukt

rien / quelque chose

ingenting / noe

vieux / jeune

gammel / ung

marche / arrêt

på / av

ouvert / fermé

åpen / stengt

faible / fort

lavt / høyt

riche / pauvre

rik / fattig

correct / incorrect

riktig / feil

rugueux / lisse

ru / glatt

triste / heureux

trist / glad

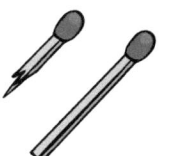

court / long

kort / lang

lent / rapide

langsom / rask

mouillé / sec

vått / tørt

chaud / froid

varm / lunken

la guerre / la paix

krig / fred

les oppositions - motsetninger

0

zéro

null

1

un / une

en

2

deux

to

3

trois

tre

4

quatre

fire

5

cinq

fem

6

six

seks

7

sept

sju

8

huit

åtte

9

neuf

ni

10

dix

ti

11

onze

elleve

12

douze

tolv

13

treize

tretten

14

quatorze

fjorten

15

quinze

femten

16

seize

seksten

17

dix-sept

sytten

18

dix-huit

atten

19

dix-neuf

nitten

20

vingt

tjue

100

cent

hundre

1.000

mille

tusen

1.000.000

le million

million

språk

l'anglais

engelsk

l'anglais américain

amerikansk engelsk

le chinois mandarin

mandarin

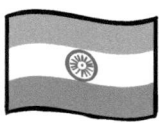

le hindi

hindi

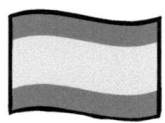

l'espagnol

spansk

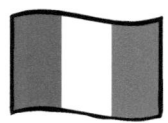

le français

fransk

l'arabe

arabisk

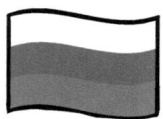

le russe

russisk

le portugais

portugisisk

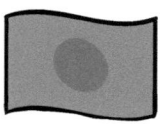

le bengali

bengali

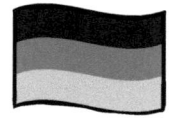

l'allemand

tysk

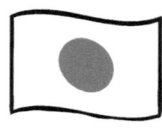

le japonais

japansk

je

jeg

tu

du

il / elle / ce, c', cela

han / hun / det

nous

vi

vous

dere

ils / elles

de

Qui ?

hvem?

Quoi ?

hva?

Comment ?

hvordan?

Où ?

hvor?

Quand ?

når?

le nom

navn

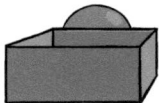

derrière

bakom

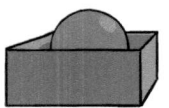

dans

i

devant

foran

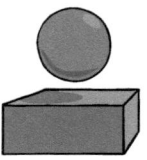

au-dessus

over

sur

på

en-dessous

under

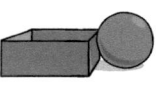

à côté de

ved siden av

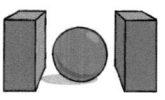

entre

mellom

le lieu

sted